Peter Klever

Ich zünde eine Kerze für dich an

Mitgehende Gedanken beim Abschied

Verlag Ernst Kaufmann

Bibliografische Information Der Deutschen Bibliothek

Die Deutsche Bibliothek verzeichnet diese Publikation in der Deutschen Nationalbibliografie;
detaillierte bibliografische Daten sind im Internet über http://dnb.ddb.de abrufbar.

12. Auflage 2005 gebunden
© 1987 by Verlag Ernst Kaufmann, Lahr
Dieses Buch ist in der vorliegenden Form in Text und Bild urheberrechtlich geschützt.
Jede Verwertung ist ohne Zustimmun g des Verlags Ernst Kaufmann unzulässig und strafbar.
Dies gilt insbesondere für Nachdrucke, Vervielfältigungen, Übersetzungen, Mikroverfilmungen
und die Einspeicherung und Verarbeitung in elektronischen Systemen.
Hergestellt bei Proost N.V., Turnhout (Belgium)
Fotos: Peter Klever · Gestaltung: JAC
ISBN 3-7806-2646-2

da stehe ich am strom der zeit
der unablässig fließt

die zeit im fluss – vergehen strömt –
nimmt mit sich, was mir lieb

es endete gemeinsamkeit
bis an den strom bin ich mit dir gegangen
mein beten war umsonst und auch mein bangen
es gab kein halten

ich bleib zurück, kann dir nicht folgen
es ist die stunde für mich noch nicht da
ich schau dir nach und sage ja
doch sind die blätter schon gefallen.

*Siehe, um Trost war mir sehr bange.
Du aber hast dich meiner Seele herzlich angenommen,
dass sie nicht verdürbe.*

Jesaja 38.17

Du bist gegangen.
Dein Lebenslicht ist erloschen.
Du bist nicht mehr.
Ich kann es noch gar nicht fassen.

Wir lebten gemeinsam,
nun ist es einsam geworden.
Das Dasein füreinander,
das Besorgtsein umeinander –
alles ist zu Ende.
Es gibt nur noch Nachworte und Nachgedanken.
Wie unerbittlich der Schlusspunkt beim Lebenslauf ist.
Wie kurz wird das Leben,
wenn es mit wenigen Daten beschrieben wird.
Wer kann ermessen, was dein Leben gewesen ist?
All die vielen wertvollen Augenblicke –
in Worte kann ich das nicht fassen.
Das Wesentliche trage ich im Herzen.
Meine Gedanken kreisen um das, was war.
Es wird nie mehr so sein.
Ich weiß, was ich verloren habe.

Ich zünde eine Kerze für dich an –
und denk an dich.
Du bist gegangen –
ich bin mit meinen Gedanken
allein zurückgeblieben.

Gott,
du nahmst zu dir,
was zu mir gehörte.
Hilf mir,
mein Leid zu tragen,
und lass mich nicht in der Traurigkeit versinken.
Amen

Du bist nicht mehr am Leben.
Ich beuge mich und weine.
Es ist so unbegreiflich.
Ob dich meine Worte noch erreichen?
Meine Hilfe brauchst du nicht mehr.
Mein Gefühl greift ins Leere.
Ich merke: mit dir ist ein Teil von mir gestorben.

Eben warst du mir noch nahe.
Ich spüre noch deine Wärme.
Die Wohnung scheint sie noch auszustrahlen,
wie eine Steinwand eine Zeit lang die Wärme hält,
auch wenn die Sonne schon untergegangen ist.
Ich vernehme noch deine Worte
und habe den Klang deines leisen Rufens im Ohr.

Ich fürchte mich davor,
dass alles immer leiser wird – und verstummt.
Ich fürchte mich, allein zu sein
mit mir und der Erinnerung.

*Ein Jegliches hat seine Zeit und alles Vorhaben
unter dem Himmel hat seine Stunde.
Geboren werden hat seine Zeit,
Sterben hat seine Zeit …*

Prediger Salomonis 3,1–2

*Alles hat seine Zeit:
zusammen sein und getrennt werden
gewinnen und verlieren
lachen und weinen
trauern und getröstet werden …
alles – alles hat seine Zeit.*

Mein Blick ist gesenkt.
Wie ein Sammelbecken meiner Tränen
erscheint mir die Pfütze auf dem Weg.
Kälte und Nässe
lassen mich frösteln.
Das Leben ist unfreundlich geworden.
Ich gehe diesen Weg nicht gern.

Da öffnet sich mir
in der Tiefe meiner Traurigkeit
die Weite des Himmels.
Die dunklen Wolken treten auseinander.
Licht fällt in meine Niedergeschlagenheit.
Der Baum, der sich im Wasser spiegelt,
hat eine Botschaft.
Ich wachse – so kündet er –
ich wachse heraus aus der Tiefe in die Höhe.
Ich erhebe mich aus dem Dunkel zum Licht.
Alle meine Arme strecke ich
nach dem Himmel aus …

Ein Bild will mich trösten.
Alles –
alles hat seine Zeit:
weinen
hat seine Zeit
und das Weinen überwinden
hat seine Zeit.

*Das geknickte Rohr wird er nicht zerbrechen
und den glimmenden Docht wird er nicht auslöschen.*

Jesaja 42,3

Manchmal welkt etwas.
Es hat sein Alter erreicht.
Schönheit ist vergangen.
Lebenskraft ist gewichen.
Gesundes hat sich in Krankheit aufgezehrt.
Wir merken:
es ist an der Zeit, zu gehen.
Mit dem letzen Atem –
vielleicht ein Aufatmen:
Ich bin da.
Ich bin am Ziel meiner Tage.
Manchmal ist ein Gehen
wie eine Erlösung aus dem Gebrechen.

Aber –
da sind auch ganz andere Erfahrungen mit dem Ende.
Mitten in der Blüte
bricht etwas jäh und unfasslich ab.
Es hat sich noch gar nicht voll entfaltet,
da neigt es sich schon der Erde zu.
Alles ist vor unseren Augen zu Ende.

Manches Leid erscheint zu schwer zum Tragen.
Das Herz bricht,
die Lebenskraft ist geknickt.
Wir altern vor dem Alter.
Etwas ist in unserem Leben abgebrochen.
Wir haben kein Auge für das,
was neben uns heranwächst und sich entfalten wird.
Unsere Augen, unser Fühlen, unsere Seele –
alles ist niedergeschlagen.

Wer glaubt,
lebt weiter
mit weiterem Horizont

Unser Weg.
Wir gingen ihn zusammen.
Tage gab es, auf denen lag der Glanz des Glücks.
Die Sonne des Wohlergehens verwöhnte uns
und wir hatten es gut.

Aber – es gab auch Zeiten im Schatten.
Krankheiten, Sorgen, Krisen –
wir standen sie durch.
Wir hielten sie aus.
Wir gingen – unseren Weg. – –

Nun bist du vorausgegangen.
Du hast den Horizont des Lebens,
über den ich nicht hinwegsehen kann, überschritten.
Meine Sinne erreichen dich nicht mehr
und mein Verstand fragt fassungslos:
Ist dies ein Weg, der weiterführt?

Christus spricht:
Meinen Frieden gebe ich euch.
Nicht gebe ich euch, wie die Welt gibt.
Euer Herz erschrecke nicht und fürchte sich nicht.

Johannes 14,27

Ich gehe durch das Tor des Friedhofs.
Stille umgibt mich.
Die Unruhe, die unser Leben treibt,
scheint hier keinen Zutritt zu haben.
Wie die Wichtigkeiten dieses Lebens angesichts
des Todes unwichtig werden.
Ich atme eine ganz eigene Luft.
Der Duft von Tannen, Buchsbäumen und Chrysanthemen
liegt das ganze Jahr hindurch über den Gräbern.
Friedhofsruhe – –.
Immer wieder das Fragen:
Wo bist du wohl jetzt?
Der Friedhof, der das, was an uns sterblich ist, aufnimmt,
kann doch nicht das letzte Ziel sein?

Frieden – ist etwas anderes als Grabesruhe.
Alle Kräfte der Zerstörung können uns zwar
nichts mehr anhaben und keine Pein mehr bereiten.
Aber das ist nur die eine Seite des Friedens.

Der Frieden hat noch eine andere Seite:
Zu neuem Leben finden –,
in umfassender Weise ganz- und heilwerden,
zu einer Vollendung und Erfüllung kommen.
Frieden – Shalom, sagten sie im alten Israel,
und sie meinten damit die Fülle des Lebens –
mit Gott und den Menschen in Einklang.

Kann es sein:
Der Friedhof – Vorhof zu solchem Frieden?

*Christus hat die Schlüssel zum Bereich des Todes.
Er allein schließt auf,
wo wir nur abschließen können.*

alles
ist nur ein durchgang

für alles
gibt es ein jetzt und dann

Ich kenne das aus meinem Leben.
Mit vielen Menschen teile ich diese Erfahrung.
Wir machen sie in guten Tagen ebenso wie in schweren Zeiten.
Der Augenblick kann nicht festgehalten werden,
auch wenn er noch so schön ist.
Das stimmt manchmal traurig.
Wie gerne hätten wir manchem Glücksgefühl Dauer verliehen.
Aber – alles ist nur ein Durchgang.
In Bedrängendem, in Krankheit und Schmerz war es tröstlich:
Es wird nicht immer so bleiben.
Es geht vorüber.
Auch die dunklen Täler im Leben waren nur ein Durchgang.

Nun sehe ich auf dem Bild hinter den Durchgängen
eine schwarze Tür.
Sie ist wie ein Symbol für den Tod.
Wer stirbt, tritt ins Dunkel.
Unsere Augen können ihm nicht folgen.

Sie sagen mir, auch der Tod ist nur ein Durchgang.
Sie berufen sich auf Jesus Christus, der gesagt hat:
„Wer an mich glaubt, wir leben – auch wenn er stirbt."
Aber – es ist schwer zu glauben, wenn man gar nichts sieht.

*Was ich nicht mit dem Verstand erfassen kann,
erschließt sich mir manchmal durch ein Bild.*

Dass das Sterben ein Durchgang zum Leben sein soll,
kann meine Vernunft nicht begreifen.
Ich habe zu deutlich nur ein Ende vor Augen.
Der Tod beendet alle Lebensfunktionen.
Und das, was uns auf dem Friedhof erwartet,
beschreibt selbst die Begräbnisliturgie in aller Deutlichkeit:
„Erde zu Erde, Asche zur Asche, Staub zum Staube."

Doch es gibt ein Bild, das führt mich weiter.
Es zeigt mir Vorgänge, die mich ahnen lassen, wie es geschehen könnte:
Durch den Tod das Leben erreichen.
Es ist ein altes Bild.
Paulus gebraucht es im 1. Korintherbrief.
Er antwortet im 15. Kapitel auf Fragen über die
Auferstehung der Toten:
Wie soll man sich das vorstellen „Leben nach dem Tod"?
„Übergang vom Tod zum Leben"?

Er schreibt: Betrachten wir das Korn.
Es wächst heran zur Nahrung und zur Saat.
Beide Male verliert es im Gebrauch seine Existenz
und weckt zugleich neues Leben.
Körner werden zerrieben und es wird Brot daraus bereitet, das uns ernährt.
Saatkorn wird ausgestreut und zerfällt in der Erde,
aber aus ihm heraus wachsen neue Kornähren.
Durch das Sterben hindurch entsteht etwas Neues.
Das Neue aber ist dasselbe wie das Gesäte: Korn.

So zeigt mir das Bild vom Saatkorn:
Unser Ich zerfällt zwar mit dem Körper im Tode,
aber es wächst gleichzeitig durch das Sterben hindurch in etwas Neues hinein.

Gott ruft immer ins Leben:
ob wir geboren werden
oder ob wir sterben

In manchen Gegenden nennen sie den Friedhof Gottesacker.
Das ist eigentlich eine sehr hoffnungsvolle Bezeichnung.
Mit diesem Namen hört der Friedhof auf,
eine Stätte zu sein, die nur aufnimmt,
was am Ende des Lebens von uns übrig bleibt.

Ein Acker ist ein Boden, der bestellt wird,
damit darauf etwas wächst. Ein Acker ist ein Feld,
auf dem gesät und geerntet wird. Wer Gottesacker sagt,
nennt den Namen dessen, dem der Acker gehört
und nach dessen Willen dort etwas geschehen soll.
Wenn ich die Vorgänge in der Natur in ihrer Tiefe erfasse,
hören die Worte aus dem Neuen Testament auf, unfasslich zu sein.
Ich ahne, der Wahrheit ganz nahe zu sein:

In die Erde gesät und begraben wird das Vergängliche,
auferweckt wird das Unvergängliche ...

Gesät und begraben wird, was am Ende seiner Kraft ist,
auferweckt wird, was die Lebenskraft Gottes in sich trägt ...

Gesät und begraben wird ein Leib,
durchdrungen vom Leben der Seele.

Gott aber schafft einen neuen Leib,
durchdrungen von seinem Geist ...

Der Tod ist ganz eng verbunden mit einem Sieg ...

Gott aber sei Dank, der uns teilhaben lässt an seinem Sieg
durch Jesus Christus, unserem Herrn.

aus 1. Korinther 15,42 ff.

Wie oft, mein Gott, bist du so ganz verborgen.
Ob ich gleich weiß, du musst in allem sein,
bleibst du verdeckt dem Sinnen und dem Sorgen.
Du hast in Christ den Deuter dir erwählt;
und du, Verborgner, lässt dich in ihm finden.

nach Arno Pötzsch

Die einen setzen Steinplatten auf das Grab.
Ein Leben wird darauf zusammengefasst
mit einem Namen und zwei Daten:
dann kamst du, –
dann gingst du.
Weiter nichts.
Ist weiter nichts zu sagen?
Ist weiter nichts zu hoffen?

Manchmal entdecke ich auf einem Grab
das hoffnungsloseste Symbol: Die abgebrochene Säule.
Sie erscheint mir wie ein zu Stein gewordener
Verzweiflungsschrei:
Warum – Gott – musste er schon gehen?
Warum brichst du ab,
was mitten im Leben stand?
Was hier noch so viel vor sich haben könnte?
Anklagen sprechen für mich aus diesem Grabstein.
Ein Symbol der Sinnlosigkeit ist errichtet worden.

Unversöhnt mit dem Herrn über Leben und Tod
bleibt wohl am letzten Ende jeder,
der die Botschaft der Grabkreuze nicht zu Herzen nimmt.
Aus ihnen spricht Jesus Christus zu mir:
„Ich bin die Auferstehung und das Leben.
Wer an mich glaubt, wird leben, auch wenn er stirbt."

Johannes 11,25

Wir haben hier keine Stätte des Bleibens.
Wir erwarten etwas Zukünftiges.

Hebräer 13,14

Ich möchte das
für dich und mich
glauben können:
„Wir haben hier keine Stätte des Bleibens."
Hier nicht,
wo der Abschied schmerzt.
Dort nicht,
wo du – wie wir sagen –
deine letzte Ruhestätte gefunden hast.
Da ist immer noch etwas vor uns.

Das möchte ich
für dich und mich glauben können.
Ich sehe hinter den Grabsteinen
und über den Äckern im Tal,
die vielleicht noch viele Tote aufnehmen werden,
einen Weg.
Der Weg führt ganz gerade nach oben,
als wollte er uns zeigen:
Wir haben den, der über uns ist – Gott –, vor uns.
Zukunft eröffnet immer nur er.

„Ein Tag, der sagt dem andern,
mein Leben sei ein Wandern
zur großen Ewigkeit.
O Ewigkeit, so schöne,
mein Herz an dich gewöhne!
Mein Heim ist nicht in dieser Zeit."

Gerhard Teersteegen 1745

*Wenn mich dein Wort nicht getröstet hätte,
wäre ich in meinem Kummer versunken.*

nach Psalm 119,92

Mein Schutz und meine Hoffnung sollst du sein, Herr.
Du warst vor allen Anfängen.
Bevor diese Erde wurde, warst du schon Gott des Lebens
und du wirst es sein und bleiben.

Du stehst hinter allen Anfängen.
Du hast mich ebenso geschaffen wie die vielen Menschen,
die du gleich dem Gras ins Leben aussäest.
Wir wachsen auf und blühen
und nach dem Welken kommt der Tag, an dem wir sterben.
Es ruft uns deine Stimme.
Zur Erde müssen wir zurück.
Du sprichst: Kehrt heim.
Ihr kommt zurück zu mir.
Ihr seid erwartet von dem Leben,
das da war schon vor allem, was begann.

Was sind die siebzig oder achtzig Jahre,
die wir mit Arbeit und mit Mühe füllen,
mit Freude manchmal, auch mit Qual?
Wie rasch die Zeit vergeht.
Wie schnell die Uhren gehen, wenn man älter wird.

Lass uns dessen gedenken, Gott,
dass wir eines Tages gehen müssen.
Nimm uns die Ängste vor dem Sterben
und lass uns darauf hoffen, Gott,
dass wir in, mit und unter dem Vergehen
nur dir, dem Leben ohne Ende, entgegengehen.
Mit der Gewissheit möchte ich getrost – getröstet – weiterleben.

nach Psalm 90

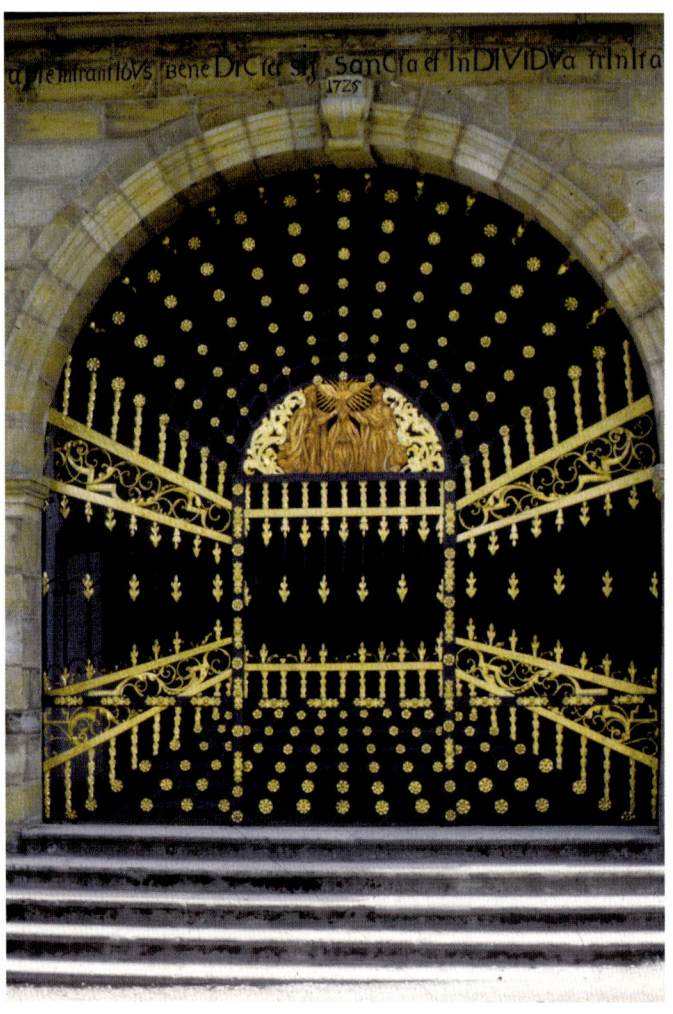

„Heut schleußt er wieder auf die Tür
zum schönen Paradeis:
Der Cherub steht nicht mehr dafür,
Gott sei Lob, Ehr und Preis!"

EG 27,6 Nikolaus Herman 1560

An Weihnachten
wird dieser Vers in unserer Kirche gesungen.
Er fiel mir ein, jetzt – in diesen Tagen,
wo ich an so vieles denke,
was wir gemeinsam erlebten.

Mir wurde bewusst,
was für eine Bedeutung das für das Sterben hat:
„Heut schleußt er wieder auf die Tür …"
Nicht wir öffnen die Tür zur Nähe Gottes.
Unsere Verdienste bewirken nichts.
Und unsere Verfehlungen verwirken nichts;
denn Christus, in dem Gottes Erbarmen zu uns kam,
schließt uns den Himmel Gottes auf.
Allein die Güte Gottes schenkt ewiges Leben.
Nur wenn man das Erbarmen Gottes ablehnt,
schließt man sich selbst vom Himmel Gottes aus.
Das muss jeder wissen.

Für dich, der du gegangen bist, hoffe ich:
Dir gilt, was in dem Vers besungen wird.
Ich hoffe auch, dass es mir gilt,
wenn einmal meine Stunde kommt.
Wir haben etwas zu hoffen und zu erwarten,
weil Gott gütig ist.

Er schließt uns das Paradies auf,
sagt das alte Weihnachtslied.
Ich denke dabei an die Nähe Gottes,
in der es keine Sehnsucht mehr gibt,
weil wir alles gefunden haben.

Heile du mich, Herr, so werde ich heil,
hilf mir, so ist mir geholfen.

Jeremia 17,14

Unterhalb einer Wallfahrtskapelle in der Rheinpfalz
fand ich an einer Mauer aus Mosaiksteinen
zusammengesetzt das Wort von Jesus Christus:
„Wer an micht glaubt, wird leben."
Es hat die wichtige Fortsetzung: „… auch wenn er stirbt."

Die Mosaiksteinchen sprechen zu mir.
Ein so großes Versprechen ist aus lauter kleinen
Einzelteilchen zusammengefügt. Ich fragte mich:
Wer hat schon einen so großen und starken Glauben,
dass er zu diesem Bibelwort ohne Fragen und Zweifel
„Ja und Armen", d. h. es soll also geschehen, sagen kann?
Aber – ich dachte mir: Die Summe meiner kleinen Versuche,
Jesus Christus und seinem Wort zu vertrauen,
könnte wohl dazu führen, dass ich ihm auch dieses
Letzte zutraue: Er eröffnet Leben – auch im Tode.

Jesus Christus, dir möchte ich vertrauen
und nicht mir mit meinen kümmerlichen Versuchen,
die Welt und was auf ihr geschieht, zu verstehen.
Dir möchte ich zutrauen,
dass du mehr vermagst,
als wir zu träumen wagen.
Dir möchte ich glauben,
dass deine Worte nicht leere Versprechungen sind.
Begleite mit deinem Erbarmen meinen Toten.
Hilf ihm, mir und uns allen zu dem Leben,
wo sich im Schauen Gottes alles finden und vollenden wird,
was sich hier trennen musste und Bruchstück blieb.
Ich glaube, lieber Herr,
hilf meinem Unglauben. Amen.

*Entscheidend ist nicht,
wie alt wir werden,
sondern ob wir reif wurden
für die Ewigkeit.*